수고하고 무거운 짐 진 자들아
다 내게로 오라

수고하고 무거운 짐 진 자들아
다 내게로 오라

큰글씨 성경 필사

가피랑

로마서 12장 21절

악에게 지지 말고
선으로 악을 이기라

마태복음 6장 21절

네 보물 있는 그곳에는
네 마음도 있느니라

시편 46편 10절

너희는 가만히 있어
내가 하나님 됨을 알지어다

욥기 8장 7절

네 시작은 미약하였으나
나중은 심히 창대하리라

잠언 1장 8절

내 아들아

네 아비의 훈계를 들으며

네 어미의 법을 떠나지 말라

잠언 1장 10절

내 아들아

악한 자가 너를 꾈지라도

좇지 말라

시편 119편 105절

주의 말씀은

내 발에 등이요

내 길에 빛이니이다

전도서 3장 1절

범사에 기한이 있고

천하 만사가 다 때가 있나니

잠언 10장 2절

불의의 재물은 무익하여도
공의는 죽음에서
건지느니라

잠언 10장 12절

미움은 다툼을 일으켜도
사랑은 모든 허물을
가리느니라

누가복음 6장 31절

남에게 대접을 받고자 하는
대로 너희도 남을 대접하라

잠언 11장 30절

의인의 열매는 생명 나무라
지혜로운 자는 사람을
얻느니라

잠언 13장 11절

망령되이 얻은 재물은
줄어가고
손으로 모은 것은
늘어가느니라

이사야 40장 8절

풀은 마르고 꽃은 시드나
우리 하나님의 말씀은
영원히 서리라

시편 90편 12절

우리에게 우리 날 계수함을
가르치사 지혜의 마음을
얻게 하소서

요한1서 3장 18절

자녀들아 우리가 말과
혀로만 사랑하지 말고
행함과 진실함으로 하자

잠언 15장 1절

부드러운 대답은
분노를 쉬게 하여도
과격한 말은
노를 격동하느니라

고린도후서 12장 9절

내 은혜가 네게 족하도다
이는 내 능력이 약한 데서
온전하여짐이라

전도서 7장 8절

일의 끝이 시작보다 낫고,
참는 마음이 교만한
마음보다 나으니라

잠언 2장 20절

지혜가 너를 선한 자의 길로
행하게 하며 또 의인의 길을
지키게 하리니

잠언 12장 8절

사람은 그 지혜대로 칭찬을
받으려니와 마음이 굽은
자는 멸시를 받으리라

잠언 12장 19절

진실한 입술은 영원히
보존되거니와
거짓 혀는 잠시 동안만
있을 뿐이니라

잠언 12장 21절

의인에게는 어떤 재앙도

임하지 아니하려니와

악인에게는 앙화가

가득하리라

잠언 12장 3절

사람이 악으로서 굳게 서지
못하거니와
의인의 뿌리는 움직이지
아니하느니라

잠언 12장 14절

사람은 입의 열매로
말미암아 복록에 족하며
그 손이 행하는 대로
자기가 받느니라

갈라디아서 6장 9절

우리가 선을 행하되
낙심하지 말지니 포기하지
아니하면 때가 이르매
거두리라

잠언 10장 9절

바른 길로 행하는 자는
걸음이 평안하려니와
굽은 길로 행하는 자는
드러나리라

잠언 10장 19절

말이 많으면 허물을 면하기
어려우나
그 입술을 제어하는 자는
지혜가 있느니라

시편 34편 18절

여호와는 마음이 상한
자를 가까이하시고
충심으로 통회하는 자를
구원하시는도다

잠언 12장 1절

훈계를 좋아하는 자는

지식을 좋아하거니와

징계를 싫어하는 자는

짐승과 같으니라

잠언 14장 6절

거만한 자는 지혜를
구하여도 얻지 못하거니와
명철한 자는 지식 얻기가
쉬우니라

잠언 4장 23절

모든 지킬 만한 것 중에
더욱 네 마음을 지키라
생명의 근원이 이에서
남이니라

잠언 3장 3절

인자와 진리가 네게서

떠나지 말게 하고 그것을

네 목에 매며

네 마음판에 새기라

잠언 11장 24절

흩어 구제하여도 더욱
부하게 되는 일이 있나니
과도히 아껴도 가난하게
될 뿐이니라

마태복음 16장 16절

시몬 베드로가 대답하여

이르되

주는 그리스도시오

살아 계신 하나님의

아들이시니이다

잠언 11장 21절

악인은 피차 손을
잡을지라도 벌을 면하지
못할 것이나
의인의 자손은 구원을
얻으리라

잠언 12장 25절

근심이 사람의 마음에
있으면 그것으로 번뇌하게
되나
선한 말은 그것을 즐겁게
하느니라

잠언 12장 6절

악인의 말은 사람을
엿보아 피를 흘리자 하는
것이거니와
정직한 자의 입은 사람을
구원하느니라

디모데후서 3장 16절

모든 성경은 하나님의
감동으로 된 것으로 교훈과
책망과 바르게 함과 의로
교육하기에 유익하니

마태복음 7장 1~2절

비판을 받지 아니하려거든

비판하지 말라

너희가 비판하는 그

비판으로 너희가 비판을

받을 것이요

요한복음 15장 7절

너희가 내 안에 거하고

내 말이 너희 안에 거하면

무엇이든지 원하는 대로

구하라

그리하면 이루리라

로마서 8장 28절

하나님을 사랑하는 자
곧 그의 뜻대로 부르심을
입은 자들에게는 모든 것이
합력하여 선을 이루느니라

에베소서 4장 32절

서로 인자하게 하며 불쌍히

여기며 서로 용서하기를

하나님이 그리스도 안에서

너희를 용서하심과 같이

하라

히브리서 4장 16절

그러므로 우리는
긍휼하심을 받고 때를 따라
돕는 은혜를 얻기 위하여
은혜의 보좌 앞에 담대히
나아갈 것이니라

이사야 43장 18~19절

너희는 이전 일을 기억하지
말며 옛날 일을 생각하지
말라
보라 내가 새 일을 행하리니
이제 나타낼 것이라

로마서 12장 9~10절

사랑에는 거짓이 없나니
악을 미워하고 선에 속하라
형제를 사랑하여 서로
우애하고 존경하기를 서로
먼저 하라

잠언 6장 10~11절

좀더 자자, 좀더 졸자,

손을 모으고 좀더 누워있자

하면 네 빈궁이 강도 같이

오며 네 곤핍이 군사 같이

이르리라

베드로전서 4장 11절

만일 누가 말하려면
하나님의 말씀을 하는
것같이 하고
누가 봉사하려면 하나님이
공급하시는 힘으로 하는
것같이 하라

잠언 10장 6~7절

의인의 머리에는 복이

임하나 악인의 입은 독을

머금었느니라

의인을 기념할 때에는

칭찬하거니와

악인의 이름은 썩게

되느니라

잠언 10장 10~11절

눈짓하는 자는 근심을 끼치고

입이 미련한 자는

멸망하느니라

의인의 입은 생명의 샘이라도

악인의 입은 독을

머금었느니라

마태복음 5장 16절

이같이 너의 빛이 사람 앞에
비치게 하여 그들로 너희
착한 행실을 보고 하늘에
계신 너희 아버지께 영광을
돌리게 하라

예레미야애가 3장 22~23절

여호와의 인자와 긍휼이
무궁하시므로 우리가
진멸되지 아니함이니이다
이것들이 아침마다
새로우니 주의 성실하심이
크시도소이다

예레미야 29장 11절

여호와의 말씀이니라
너희를 향한 나의 생각을
내가 아나니 재앙이 아니라
곧 명안이요 너희 장래에
소망을 주려하는 생각이라

애가 3장 22~23절

여호와의 인자와 긍휼이
무궁하시므로 우리가
진멸되지 아니함이니이다
이것들이 아침마다
새로우니주의 성실하심이
크시도소이다

누가복음 6장 45절

선한 사람은 마음에 쌓은
선에서 선을 내고
악한 자는 그 쌓은 악에서
악을 내나니 이는 마음에
가득한 것을 입으로
말함이니라

잠언 10장 15~16절

부자의 재물은 그의 견고한
성이요
가난한 자의 궁핍은 그의
멸망이니라
의인의 수고는 생명에
이르고
악인의 소득은 죄에
이르느니라

야고보서 1장 2~3절

내 형제들아,

너희가 여러 가지 시험을

당하거든 온전히 기쁘게

여기라

이는 너희 믿음의 시련이

인내를 만들어 내는 줄

너희가 앎이라

잠언 11장 18~19절

악인의 삯은 허무하되

공의를 뿌린 자의 상을

확실하니라

공의를 굳게 지키는 자는

생명에 이르고

악을 따르는 자는 사망에

이르느니라

마태복음 6장 6절

너는 기도할 때에

네 골방에 들어가 문을

닫고 은밀한 중에 계신

네 아버지께 기도하라

은밀한 중에 보시는

네 아버지께서 갚으시리라

미가서 6장 8절

사람아 주께서 선한 것이
무엇임을 네게 보이셨나니
곧 정의를 행하며 인애를
사랑하며 겸손하게
네 하나님과 함께 행하는
것이 아니냐

마태복음 7장 11절

너희가 악한 자라도 좋은
것으로 자식에게 줄 줄
알거든
하물며 하늘에 계신 너희
아버지께서 구하는 자에게
좋은 것으로 주시지
않겠느냐

에베소서 5장 15~16절

그런즉 너희가 어떻게
행할지를 자세히 주의하여
지혜 없는 자 같이 하지
말고
오직 지혜 있는 자 같이
하여 세월을 아끼라 때가
악하니라

여호수아 1장 9절

내가 네게 명령한 것이
아니냐 강하고 담대하라
두려워하지 말며 놀라지 말라
네가 어디로 가든지
네 하나님 여호와가 너와
함께 하느니라

로마서 1장 16절

내가 복음을 부끄러워하지
아니하노니 이 복음은 모든
믿는 자에게 구원을 주시는
하나님의 능력이 됨이라

하박국 3장 17~18절

비록 무화과나무가

무성하지 못하며

포도나무에 열매가

없으며…

나는 여호와로 말미암아

즐거워하며

나의 구원의 하나님으로

말미암아 기뻐하리로다

이사야 26장 3~4절

주께서 심지가 견고한 자를

평강하게 지키시리니

이는 그가 주를

신뢰함이니이다

너희는 여호와를 영원히

신뢰하라

주 여호와는 영원한

반석이심이로다

시편 34편 17~18절

의인이 부르짖으매

여호와께서 들으시고

그들의 모든 환난에서

건지셨도다

여호와는 마음이 상한

자를 가까이하시고

충심으로 통회하는 자를

구원하시는도다

잠언 10장 13~14절

명철한 자의 입술에는
지혜가 있어도 지혜 없는
자의 등을 위하여는 채찍이
있느니라
지혜로운 자는 지식을
간직하거니와 미련한 자의
입은 멸망에 가까우니라

잠언 14장 14~15절

마음이 굽은 자는 자기
행위로 보응이 가득하겠고
선한 사람도 자기의 행위로
그러하리라
어리석은 자는 온갖 말을
믿으나
슬기로운 자는 자기의
행동을 삼가느니라

요한복음 14장 27절

평안을 너희에게 끼치노니
곧 나의 평안을 너희에게
주노라
내가 너희에게 주는 것은
세상이 주는 것 같지
아니하니라
너희는 마음에 근심도 말고
두려워하지도 말라

잠언 10장 4~5절

손을 게으르게 놀리는 자는
가난하게 되고 손이
부지런한 자는
부하게 되느니라
여름에 거두는 자는
지혜로운 아들이나
추수 때에 자는 자는
부끄러움을 끼치는
아들이니라

고린도후서 4장 8~9절

우리가 사방으로 우겨쌈을
당하여도 싸이지 아니하며
답답한 일을 당하여도
낙심하지 아니하며
박해를 받아도 버림받지
아니하며
거꾸러뜨림을 당하여도
망하지 아니하고

이사야 41장 10절

두려워하지 말라

내가 너와 함께 함이라

놀라지 말라

나는 네 하나님이 됨이라

내가 너를 굳세게 하리라

참으로 너를 도와 주리라

참으로 나의 의로운

오른손으로 너를 붙들리라

시편 1편 1~2절

복 있는 사람은 악인들의
꾀를 따르지 아니하며
죄인들의 길에 서지
아니하며 오만한 자들의
자리에 앉지 아니하고
오직 여호와의 율법을
즐거워하여 그의 율법을
주야로 묵상하는도다

로마서 5장 3~5절

환난은 인내를, 인내는

연단을, 연단은 소망을

이루는 줄 앎이로다

소망이 우리를 부끄럽게

하지 아니함은 우리에게

주신 성령으로 말미암아

하나님의 사랑이 우리

마음에 부은 바 됨이니

로마서 10장 9~10절

네가 만일 네 입으로

예수를 주로 시인하며

또 하나님께서 그를 죽은

자 가운데서 살리신 것을

네 마음에 믿으면 구원을

받으리라

사람이 마음으로 믿어 의에

이르고 입으로 시인하여

구원에 이르느니라

빌립보서 4장 6~7절

아무것도 염려하지 말고
다만 모든 일에 기도와
간구로, 너희 구할 것을
감사함으로 하나님께
아뢰라
그리하면 모든 지각에
뛰어난 하나님의 평강이
그리스도 예수 안에서 너희
마음과 생각을 지키시리라

잠언 3장 13~15절

지혜를 얻은 자와 명철을

얻은 자는 복이 있나니

이는 지혜를 얻는 것이

은을 얻는 것보다 낫고

그 이익이 정금보다

나음이니라 지혜는

진부보다 귀하니 네가

사모하는 모든 것으로도

이에 비교할 수 없도다

잠언 1장 17~19절

새가 보는 데서 그물을
치면 헛일이겠거늘 그들이
가만히 엎드림은 자기의
피를 흘릴 뿐이요
숨어 기다림은 자기의
생명을 해할 뿐이니 이익을
탐하는 모든 자의 길은
다 이러하여 자기의 생명을
잃게 하느니라

잠언 12장 15~16절

미련한 자는 자기 행위를
바른 줄로 여기나
지혜로운 자는 권고를
듣느니라
미련한 자는 당장 분노를
나타내거니와
슬기로운 자는 수욕을
참느니라

잠언 3장 21~24절

내 아들아 완전한 지혜와

근신을 지키고 이것들이

네 눈 앞에서 떠나지 말게

하라 그리하면 그것이

네 영혼의 생명이 되며

네 목에 장식이 되리니

네가 네 길을 평안히

행하겠고

네 발이 거치지

아니하겠으며
네가 누울 때에 두려워하지
아니하겠고
네가 누운즉
네 잠이 달리로다

잠언 9장 7~9절

거만한 자를 징계하는 자는
도리어 능욕을 받고
악인을 책망하는 자는
도리어 흠이 잡히느니라
거만한 자를 책망하지
말라 그가 너를 미워할까
두려우니라
지혜있는 자를 책망하라
그가 너를 사랑하리라

지혜 있는 자에게 교훈을
더하라
그가 더욱 지혜로워질
것이요
의로운 사람을 가르치라
그의 학식이 더하리라

잠언 4장 23~27절

모든 지킬 만한 것 중에
더욱 네 마음을 지키라
생명의 근원이 이에서
남이니라
구부러진 말을 네 입에서
버리며 비뚤어진 말을
네 입술에서 멀리 하라
네 눈은 바로 보며
네 눈꺼풀은 네 앞에 곧게

살펴 네 발이 행할 길을
평탄하게 하며
네 모든 길을 든든히 하라
좌로나 우로나 치우치지
말고
네 발을 악에서 떠나게
하라

잠언 4장 6~8절

지혜를 버리지 말라

그가 너를 보호하리라 그를

사랑하라

그가 너를 지키리라

지혜가 제일이니 지혜를

얻으라

네가 얻은 모든 것을

가지고 명철을 얻을지니라

그를 높이라 그리하면

그가 너를 높이 들리라
만일 그를 품으면 그가
너를 영화롭게 하리라

잠언 3장 27~31절

네 손이 선을 베풀 힘이
있거든 마땅히 받을 자에게
베풀기를 아끼지 말며
네게 있거든 이웃에게
이르기를 갔다가 다시 오라
내일 주겠노라 하지 말며
네 이웃이 네 곁에서 평안히
살거든 그를 해하려고
꾀하지 말며

사람이 네게 악을 행하지
아니하였거든 까닭 없이
더불어 다투지 말며
포학한 자를 부러워하지
말며 그의 어떤 행위도
따르지 말라

시편 56장 8절

나의 유리함을 주께서
계수하셨사오니
나의 눈물을 주의 병에
담으소서
이것이 주의 책에 기록되지
아니하였나이까

예레미야 30장 17절

여호와의 말씀이니라
내가 너의 상처에서 새살이
돋게 하여 낫게 하리라
너를 쫓겨난 자라 부르는
자들이 있으나
나는 너를 치료할 것이라

마태복음 11장 28절

수고하고 무거운 짐 진

자들아

다 내게로 오라

내가 너희를 쉬게 하리라

수고하고 무거운 짐 진 자들아
다 내게로 오라

큰글씨 성경 필사

1판 1쇄 발행 | 2025년 8월 01일

엮 음 | 기파랑
펴낸이 | 안병훈

펴낸곳 | 도서출판 기파랑
등 록 | 2004. 12. 27 제300-2004-204호
주 소 | 서울시 종로구 대학로8가길 56 동숭빌딩 301호 우편번호 03086
전 화 | 02-763-8996 편집부 02-3288-0077 영업마케팅부
팩 스 | 02-763-8936

이메일 | guiparang_b@naver.com
홈페이지 | www.guiparang.com

ISBN 978-89-6523-472-2 03230

인쇄면을
바닥에 놓고
시작하세요

가위로 오리

한 번 접기

한 번 접었다

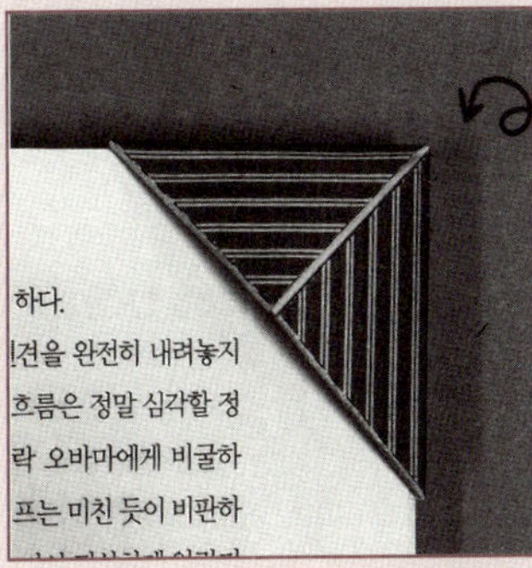

종이 접기로 만드는 모서리 책갈피

왼쪽 종이를 오려서 아래의 순서대로 따라 해 보세요

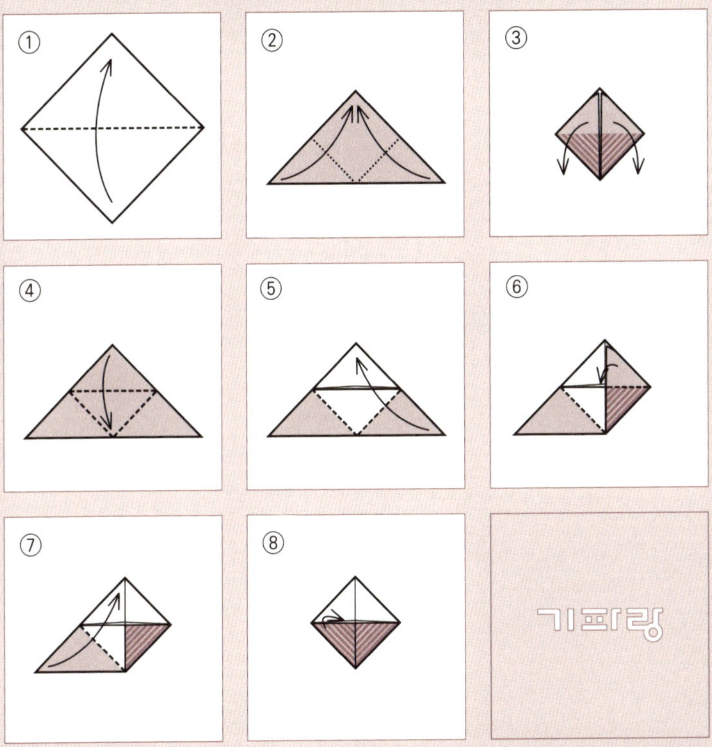